Papierregenschirme in einer durchtriebenen Nacht

Anke Breuer

1971 in Wülfrath geboren. Lebt heute in Köln. Dazwischen einige Jahre Umweg über Bulgarien. Die Autorin ist aktives Mitglied im Literaturkreis ERA in Ratingen und hat verschiedene Texte in Anthologien veröffentlicht.

Iris Boden

1966 in Köln geboren. Von 2009 bis 2011 absolvierte sie den Studiengang Belletristik an der Hamburger Akademie für Fernstudien. Die Autorin lebt und schreibt in Dormagen.

Im BoD-Verlag bereits erschienen:
Das Leben ist ein Regenbogen
Schau in den Spiegel, wenn du dich traust

Anke Breuer
Iris Boden

Papierregenschirme in einer durchtriebenen Nacht

Nachdenkliches und Amüsantes

Bibliografische Informationen der Deutschen Nationalbibliothek:
Die Deutsche Nationalbibliothek verzeichnet diese Publikation in der
Deutschen Nationalbibliografie; detaillierte bibliografische Daten sind im
Internet über http://dnb.d-nb.de abrufbar.

Herstellung und Verlag:
BoD – Books on Demand, Norderstedt
ISBN 978-3-7448-0238-3

INHALT

Papierregenschirme
Anke Breuer

Sternenhimmel. Tagsüber.
Glitzerlippen. Um vier nachmittags.
Seifenblasen. In der Sonne.
Glitzerkonfetti. Überall.
Lollis. Einfach so.
Mein Bauch grummelt. Mein erstes Mal. Mein erstes Mal hier oben. Also oben, oben war ich schon oft. In Gedanken. Zum Üben. Auf Sprunghöhe.
Meine Schuhe drücken. Sie sind weiß. Sie sind noch weiß. Vermutlich werden danach erste Spuren zu sehen sein. Auf dem Stoff. An den Gummis. Unter der Sohle.
Mein Kostüm glänzt. In allen Farben. Sitzt eng. Sitzt eng am Oberkörper. Am Unterkörper. An den Armen. Wickelt sich um mich herum.
Ich hätte das Popcorn vorher nicht essen sollen. Das klebrige Zeug hält sich an meinen Eingeweiden fest. Die gerade ihrer Angst entkommen möchten.
Ich steige auf die kleine Leiter. Einen doppelten Boden brauche ich nicht. Wenn ich falle, falle ich weich. Weich auf meinen Popcornbauch.
Ich spreize meine Zehen nach vorne. Rechter Fuß zuerst. Ich schätze, das Seil hat einen Durchmesser von anderthalb Zentimetern. Großzügig gedacht.
Ich höre Musik. Schnelle Musik.
Ich höre Klatschen. Aufforderndes Klatschen.
Ich höre das Knirschen. Der Gummisohle auf dem Drahtseil.
Ich höre mein Herz. Bum. Bum. Bum.
Menschen sitzen auf Monoblockstühlen.
Ihre Köpfe schauen hoch. Zu mir.
Ihre Augen geweitet. Starren mich an.
Ihre Münder geöffnet. Atmen in den Kunstnebel.
Ein Clown mit zu großer Krawatte hält die Schweinwerfer auf mich. Mein Kostüm. Mein Herz. Meinen Bauch. Meine Schuhe.
Ein anderer Clown mit zu großem Hut reicht mir meinen pinken Papierregenschirm. Der einem Regen nicht standhielte. Aber ja nur für den Applaus gemacht wurde.

Ich ziehe meinen linken Fuß nach. Balanciere. Auf dem Drahtseil. Zwischen Seifenblasen. Glitzerkonfetti. Lollis.
Augen. Atem. Kunstnebel. Sternen. Musik. Klatschen.
Zu großer Krawatte. Zu großem Hut.
Der Gummisohle auf dem Drahtseil. Meinem Bauch. Meinem Herz.
Ein Kind lässt seinen Lolli fallen. Schreit.
Ich erschrecke mich. Falle.
Ich brauche keinen doppelten Boden.
Ich falle weich. In mein Bett.
Mein Herz rast. Und auf meinem Bauch kleben Popcornreste.

Eine durchtriebene Nacht
Iris Boden

Sie hatte es wieder getan. Wieder hatte sie nicht nein gesagt. Dabei hatte Isabel sich fest vorgenommen, standhaft zu bleiben und Mirko aus dem Weg zu gehen. Es war missglückt. Wieder einmal.

Sie hörte, wie im Bad die Dusche aufgedreht wurde. Das leise Rauschen des Wassers machte sie schläfrig. Isabel schloss die Augen und atmete tief ein, sog den süßen Duft der Leidenschaft in sich auf, der noch immer in der Luft hing, ebenso wie die Hitze ihrer angespannten Körper, als sie das Hotelzimmer betraten. Ungeduldig. Voller Spannung. Erwartungen, die erfüllt werden wollten.

Isabel lag rücklings auf dem riesigen Bett, das nahezu das gesamte Zimmer einnahm. Der Morgen dämmerte bereits und tauchte das Zimmer in diffuses Licht. Es würde nicht mehr lange dauern, bis die Sonne aufging. Sie betrachtete die Lampe an der Zimmerdecke über sich, an der kleine Spiegelkacheln baumelten, die ihren nackten Körper auf eine abstruse Weise wiedergaben. Sie musste lächeln, als sie an ihr erstes Treffen mit Mirko in diesem Zimmer dachte. Er hatte sie eines Tages damit überrascht, und Isabel war von dem Gedanken so sehr erregt gewesen, dass sie ohne zu zögern eingewilligt hatte. Damals hatte sie keinen einzigen Gedanken an Pia verschwendet. Doch je länger die Affäre andauerte, desto mehr plagte Isabel das schlechte Gewissen. Pia vertraute ihr. Pia vertraute auch Mirko. Wie verletzt würde sie sein, wenn sie erführe, dass ihre beste Freundin und ihr Mann …

Unwirsch schob Isabel den Gedanken beiseite. War es nicht Pia gewesen, die immer behauptete, dass jede Frau das Recht hätte, sich den Mann zu nehmen, den sie wollte? War sie es nicht, die immer nach diesem Grundsatz gelebt hatte? Zumindest bis sie Mirko kennenlernte. Mirko, dieser große, sportliche Mann mit den sanften grünen Augen und kräftigen Händen. Mirko, der immer wusste, was er wollte und auch stets seinen Willen durchsetzte. Mirko, in den Isabel sich schon damals unsterblich verliebt hatte.

Die Dusche im Badezimmer wurde abgedreht. Isabel tastete nach der Decke neben sich, konnte sie jedoch nicht finden und kapitulierte. Stattdessen überließ sie sich den Flügelschlägen der erwachenden Schmetterlinge in ihrem Bauch, die bald ihren ganzen Körper ergriffen, sie vorbereitete auf das, was sie erhoffte, wenn sie mit Mirko zusammen war. Sie ließ ihre Hand an ihrem Körper entlanggleiten. Es würde nicht mehr lange dauern, bis Mirko aus dem Badezimmer trat. Es erregte sie der Gedanke an seinen Blick, wenn er sie so sah: entblößt, verletzlich, ausgeliefert, ergeben. Die Badezimmertür öffnete sich und Mirko trat vor das Bett. Von den Haaren tropfte Wasser auf seine Schultern und schlängelte sich über seine Brust bis zu dem Handtuch, das er sich lässig um die Hüfte gewickelt hatte. Er verharrte einen Augenblick und grinste sie an. Doch etwas in seinem Blick sagte Isabel, dass etwas anders war als all die anderen Male. Zuerst konnte sie nicht genau ausmachen, was es war. Verlegenheit? Das war etwas, was in sein Verhaltensrepertoire überhaupt nicht passte. Aber was war es dann? Isabel fröstelte und erneut tastete sie nach der Decke. Diesmal fand sie sie sofort und zog sie schützend über ihren nackten Körper.

„Ich muss jetzt gehen." Mirko griff nach seiner Hose, ohne Isabel weiter anzusehen.

„Jetzt schon? Ich denke, Pia ist auf Dienstreise."

„Isabel … Wir dürfen uns nicht mehr treffen. Bitte, Isabel, versteh doch …"

„Nein! Nichts verstehe ich. Was soll jetzt dieses pseudomoralische Geschwafel? Du hast doch nie etwas um Moral gegeben." Isabel spürte, wie ihr Tränen in die Augen stiegen.

Mirko antwortete nicht, zog stattdessen zuerst seine Jeans, dann sein Hemd an.

„Das soll es jetzt gewesen sein?" Isabel konnte es nicht fassen. „Einfach so? Schluss, aus, Ende, auf Wiedersehen?"

„Ich war immer ehrlich zu dir. Du wusstest von Anfang an, dass ich Pia niemals verlassen würde."

„Wer redet denn hier von verlassen? Ich will einfach so weiter machen wie bisher." Isabel spürte den altbekannten Trotz in ihr. Doch wie immer konnte sie nichts dagegen tun.

„Isabel", Mirkos Stimme klang versöhnlich und doch schwang eine Entschlossenheit in seinen Worten, die Isabel nicht überhören konnte, selbst wenn sie es versuchte.

„Isabel", wiederholte er sanft, „es geht einfach nicht so weiter."

„Du wiederholst dich."

Mirko war inzwischen komplett angezogen. Nun setzte er sich neben sie auf die Bettkante, streckte seine Hand aus, wollte sie berühren, ihr über die Haare streichen. Aber Isabel rollte sich abrupt auf die Seite und kehrte ihm den Rücken zu. Seufzend stand Mirko wieder auf.

„Ich werde jetzt gehen", sagte er, bewegte sich jedoch nicht. Isabel hörte ihn tief Luft holen. Sie war sich sicher, dass er auf eine Reaktion von ihr wartete. Doch sie war zu verletzt, und so rührte sie sich nicht. Leise liefen ihr die Tränen über die Wangen, während sie seinen Blick auf ihr spürte. Und dann, ganz leise, fiel die Tür ins Schloss. Sie war allein.

„Du wirst mich nicht verlassen. Du nicht", rief sie ihm hinterher, war sich jedoch nicht sicher, ob er es noch hören würde.

Langsam stand Isabel auf, ging ins Badezimmer, drehte die Dusche auf und betrachtete sich im Spiegel. Wieso wollte er sie nicht mehr? Das, was sie sah, war alles andere als abstoßend. Sie dachte an Pias Körper und verstand Mirko noch weniger. Warum nur hatte er sich für sie entschieden? Pia mit ihren kurzen braunen Haaren, zwanzig Pfund zu viel auf den Rippen, kurzsichtig und ungeschminkt stellte sie genau das Gegenteil von Isabel dar, die sehr viel Wert auf ihren durchtrainierten Körper, ihre langen rotblonden Haare und ein tadelloses Make-up legte.

„Mirko, du Idiot", schimpfte sie vor sich hin, als ihr Mobiltelefon eine Nachricht ankündigte. Isabel ging zurück ins Zimmer, griff nach ihrem Handy und las die eingegangene SMS. Sie wurde bleich. Das durfte doch nicht wahr sein. Mirko, dieser Mistkerl, dieser Idiot, dieses Schwein. Wie konnte er nur … Drei Worte nur, die sie aus der Bahn warfen. Drei Worte, die sie nicht lesen wollte, und es doch immer wieder tat: Pia ist schwanger.

Isabel ließ sich aufs Bett fallen und konnte ihr Schluchzen nicht mehr zurückhalten. Tränen, die nicht mehr versiegen wollten, rannen ihr über das Gesicht und wurden schließlich von dem Kopfkissen aufgefangen. Pia ist schwanger. Nein! Das durfte nicht sein. Irgendwann hatte Isabel keine Tränen mehr. Während im Bad immer noch die Dusche rauschte, spürte sie nur noch eine dumpfe Leere in sich. Ihr Kopf dröhnte und ein einziger Gedanke pochte rhythmisch gegen ihre Schläfen: Pia ist schwanger.

Und ich bin es auch.

(aus: Schau in den Spiegel, wenn du dich traust)

Der beste Kaffee seines Lebens
Anke Breuer

Achtzehn Quadratmeter. Eckdusche. Gemeinschaftsküche. PVC-Fliesen. Kariert. In seinem neuen Apartment. Im dritten Geschoss des großen Wohngebäudes. An der Universität. Neben der S-Bahn. Die zehnminütig fährt. Alle zehn Minuten bebt, was nicht einzementiert wurde. Zwei Matratzen übereinandergestapelt. Die günstigsten aus dem günstigsten Möbelhaus. Ein Wecker. Batteriebetrieben. Dabei wären es zur nächsten Steckdose von der Matratze aus nur zwei Meter. Denn das Zimmer ist klein. Winzig. Spärlich. Dürftig. Lächerlich.
Wie mein Leben, denkt er. Er steht im Raum. Dreht sich. Im Kreis. Bis ihm schwindelig wird. Dann legt er sich auf den Boden. Ganz flach. Wie ein Wurm. Ein kleines Fenster lässt Licht herein. Theoretisch. Aber heute regnet es. Auch das noch. Er schließt die Augen. Er möchte sein Leben zurück. Er möchte sein Leben nicht zurück. Er weiß nicht, was er möchte. Doch, er weiß, was er möchte. Immerhin hat er den kleinen Fernseher mitnehmen können, der im Keller des noch gemeinsamen Hauses stand. Ein Fernseher, der auch nicht mehr gebraucht wird, denkt er. Er nutzt die Steckdose, die er nicht für den Wecker benötigt, schließt den Fernseher an. Ich muss Stimmen hören, ohne Stimmen werde ich verrückt, denkt er weiter. Wie oft hatte er sich im Familientohuwabohu gewünscht, einmal keine Stimmen zu hören. Nun wünscht er sie sich herbei. Das Leben ist wohl wirklich eins der verrücktesten, wie sein Vater immer sagt. Sein Vater. Seine Mutter. Seine Eltern. Entsetzt waren sie. Aber halten zu ihm. Kind bleibt Kind, sagt sein Vater. Das Kind ist letzten Frühling 51 Jahre alt geworden. Dann musste es wohl so sein, sagt seine Mutter. Streicht ihrem Kind über den Kopf. Über den kahlen Kopf. Denn das 51jährige Kind hat schon seit dem Studium keine Haare mehr auf seinem Kopf. Passt, denkt er jetzt, ich starte wie ein Säugling von vorne. Er denkt und denkt. Hätte er noch Haare auf dem Kopf, könnte er sie sich jetzt wenigstens raufen. Aber bei seinem momentanen Glück fielen sie ihm vermutlich eher vor Gram aus. In manch winzigen Momenten, wenn die Sonne doch in einer Regenpause in diesem Sommer, der gerade nicht stattfindet, ähnlich wie sein Leben, durch das kleine Fenster schaut, spürt er, wie auch Last von ihm fällt. Vorwürfe. Unberechtigte. Berechtigte. Schuldzuweisungen. Legitime. Nicht legitime.

Anschuldigungen. Begründete. Unbegründete. Liebesentzug. Quälenden. Quälenden. Eine Freundin redet von der „klassischen Erstverschlimmerung". Aber er fühlt nur, dass ihm der Boden unter den Füßen weggerissen wurde.

Sein Mobiltelefon klingelt. Es liegt einen Meter entfernt. An einem noch kargen Regal. Dieser eine Meter. Erscheint ihm endlos. Er denkt nach. Und beschließt, er schafft im Moment nicht einen Meter. Keinen Meter vorwärts. Im Moment geht er scheinbar nur rückwärts. Und rückwärts liegt sein Telefon nicht. Das Klingeln verebbt. Vielleicht war es die Erstverschlimmerungs-Freundin. Sie meint es gut, aber sie hat keine Ahnung. Theoretisch ist sie mit ihm alles durchgegangen. Tausend Mal. Tausend und ein Mal. Alles Rechtliche. Alles Emotionale. Alles Psychologische. Alles Akademische. Und alles für die Katz. Gefühle lassen sich nicht eruieren. Sie lassen sich nicht reinreden. Sie reden rein. Er schließt die Augen. Es dreht sich nichts mehr. Theoretisch könnte er jetzt aufstehen. Und einfach weitermachen. Praktisch hat er keine Kraft. Der Meter wird immer länger. Er seufzt. Zum Tausend und zweiten Mal heute. Das wird seine erste Nacht im neuen Leben. Neues Leben, denkt er. Das alte Leben ist noch nebenan. Mit den Kindern. Dem Haus. Dem Job. Den Freunden. Muss man sich nach einer Trennung alles teilen? Auch die Freunde? Weiß mein Anwalt, wie man Freunde ordentlich teilt? Wenn ich meine Kinder nur alle 14 Tage sehen darf, darf ich dann meine Freunde an den anderen Tagen sehen?, fragt er sich. Hat Angst, sich zu verlieren. Im Wust dessen, was auf ihn zukommt: Neues Leben. Altes Leben. Kinder. Zank. Job. Haus. Schuld. Unschuld. Sehnsucht. Hoffnung. Anwalt. Theorie. Praxis. Erstverschlimmerung. Er krabbelt umständlich zur Matratze. Das war bestimmt ein Meter. Ich schaffe ihn also doch, denkt er. Legt sich wieder hin. Vielleicht bleibe ich einfach hier liegen. Den Rest meines Lebens.

Er ist müde. Müde vom Tag. Vom neuen Leben. Vom alten Leben. Dem Zank. Der Sehnsucht. Der Hoffnung. Der Vergangenheit. Der Zukunft. Der Theorie. Der Praxis. Und der verdammten Erstverschlimmerung. Als er einschläft, sieht er in Gedanken seine Tochter. Sie lächelt.

Der Wecker klingelt. Laut. Aber immerhin: Er macht Geräusche. Ohne Geräusche werde ich verrückt, denkt er. Das ist das Erste, was er denkt, wenn er aufwacht: Er denkt an das Denken. Zieht sich an. Pullover und Jeans vom Vortag. Seine anderen Sachen sind noch in dem Haus. Im alten Leben. Er sieht auf das Regal. Karg ist es. Noch immer. Er greift in seine Tasche mit einigen Habseligkeiten. Eine Pfanne. Ein Topf. Toilettenkram. Eine Unterhose. Bücher. Bücher. Bücher. Seine Kamera. Mein Ein und Alles, denkt er. Seine Leidenschaft. Lächelt jetzt. Fährt sich gedankenverloren über den kahlen Kopf. Und lächelt wieder. „Der 51jährige Säugling hat geschlafen. Das ist ein Anfang." Sagt er. Er denkt jetzt laut. Als er sich einen Kaffee kochen möchte, fällt ihm auf, dass er noch keine Kaffeemaschine hat. Geneigt, angesichts dieser Tatsache den neuen Tag doch so fortzuführen, wie der alte Tag endete, seufzt er. Tausend und ein und noch ein Mal. Dann stellt er fest, dass die Sonne scheint. Und das kleine Fenster die achtzehn lächerlichen Quadratmeter bis in den kleinsten Winkel ausleuchtet. Das Regal. Er nimmt ein kleines Bild, das ihm seine Erstverschlimmerungs-Freundin geschenkt hat, aus der Umzugstasche. Ein winziges Bild. Für ein winziges Regal. In einem winzigen Zimmer. Aber alles andere als lächerlich. Er hingegen lächelt. Erneut.

„Vielleicht kommt nach der Erstverschlimmerung doch eine erste Verbesserung", sagt er. Und als er in seinem Büro in der Universität ankommt, wo er seit vielen Jahren arbeitet, kauft er sich zum ersten Mal in seinem neuen Leben in der Mensa den größten Morgenkaffee, der dort im Angebot ist. „Für all die erwachsenen Säuglinge dieser Welt", sagt er. Deren Leben gerade beginnt. Mal von vorn. Mal einfach weiter. Er lächelt. Wieder. Sagt: „Das ist vielleicht der beste Kaffee meines Lebens!" Und macht sich an die Praxis.

Vernissage
Iris Boden

Ich gebe mich cool, weltoffen, souverän. Dabei rutschen bei jedem Schritt meine Socken über die Ferse und bilden Wülste in meinen Schuhen. Budapester. Schwarz-weiß. Passen hervorragend zu der schwarzen Smokinghose, der weißen Hemdbluse und der dunkelroten Krawatte. Die habe ich mir allerdings von Thomas ausgeliehen. Der ist Buchhalter und hat mit Kunst wenig zu tun. Manchmal beneide ich ihn darum, besonders heute. Ich kann sie einfach nicht ausstehen, diese selbsternannten Kunstkenner. Sie gockeln durch die Ausstellung und halten sich für die Götter der Kunst. Meine Kehle ist trocken. Da hilft nur noch Schampus. Und der fließt hier in Strömen. Wahrscheinlich zahlen wir noch drauf, so wie die alle saufen. Aber Frieda hat darauf bestanden. Frieda … Wo ist sie eigentlich? Als Galeristin sollte sie präsenter sein. Wenn doch nur nicht meine Socken so rutschen würden.
„Ah – da ist ja die Künstlerin." Wer zum Henker ist das?
„Entschuldigen Sie, Madame, darf ich mich vorstellen? Hercule Binoche." Ich erwidere nichts. Künstler haben schließlich so ihre Eigenheiten. Stattdessen halte ich ihm meine rechte Hand entgegen, die er pflichtschuldig ergreift und einen Handkuss andeutet.
„Ich muss sagen, Madame, Ihre Werke … Par exellence, ausgesprochen beeindruckend." Ich sage immer noch nichts. Dieser Typ ist mir unsympathisch.
„Diese Farben, diese Komposition, magnifique, Madame. Ganz besonders gefällt mir „Tod im Nebel". Schließlich kann man hier die Dämonen der Finsternis am Horizont erkennen." Was quatscht der denn da? Dämonen am Horizont? Ich kann mich beim besten Willen weder an Dämonen noch an einen Horizont erinnern. Und … „Tod im Nebel" sagt mir ebenfalls nichts. Wo ist nur Frieda? Immer wenn ich sie brauche, ist sie nicht da.
„Madame, ich kann gar nicht genug zum Ausdruck bringen, wie sehr ich Sie bewundere." Ich ringe mir ein Lächeln ab und hoffe, dass es nicht allzu gequält wirkt.
„Ich danke Ihnen, Monsieur Binoche", sage ich. Mehr fällt mir nicht ein. Frieda, verdammt, wo bist du?

„Dieses Bild zum Beispiel …", er deutet auf ein älteres Gemälde, das nie besondere Aufmerksamkeit erhalten hat, „dieses Bild fasziniert mich besonders." Aha. Jetzt wird es vielleicht doch noch interessant.

„Die Rücklichter des Zuges, der den Bahnhof verlässt, symbolisieren einen tragischen Abschied. Vielleicht sogar den Tod. Le mort. Très intéressant." Rücklichter des Zuges? Bahnhof? Ich betrachte mein Bild. Eine Auflösung verschiedener Rottöne, die durchaus bedrohlich wirken können. Ein Experiment. Gemalt zu einer Zeit, als mein Kopf leer war, ohne Gedanken an irgendetwas.

„Und dieser Himmel, dieses blasse Gelb, hoffnungsvoll, zuversichtlich – très jolie." Gelb. Sagte er jetzt wirklich gelb? Farbenblind ist er also auch. Allerdings – eine wahrlich gute Idee. Ein gelber Himmel … Ach was! Jetzt lasse ich mich von diesem Typen auch noch einlullen. Es gibt gar keinen Himmel auf diesem Bild. Dieser Mensch hat wirklich einen Dachschaden. Verdammt, Frieda, wo bist du?

„Ah, Monsieur Binoche", Küsschen links, Küsschen rechts, „wie schön, Sie zu sehen." Frieda. Endlich.

„Bonjour, ma chérie, ich habe mich sehr angeregt mit der Künstlerin unterhalten." Wieso zwinkert Frieda mir jetzt zu? Was hat das alles zu bedeuten?

„Monsieur Binoche, konnten Sie sich für ein, zwei oder gar drei Exponate erwärmen? Für Ihre Privatsammlung wären sie eine Bereicherung."

„Naturellement. Der „Tod im Nebel" und auch dieses wunderbare Bahnhof-Bild würde ich sehr gerne mein Eigen nennen. Ein Blick auf die Preisliste hat mir verraten, dass ich sie mir durchaus leisten kann. Aber natürlich nur, wenn die Künstlerin sich von ihren Werken trennen kann."

„Wunderbar, mein Lieber. Für das Geschäftliche allerdings sollten wir uns zurückziehen." Woher kennt Frieda bloß diesen Vogel? Egal. Er will gleich zwei Bilder von mir kaufen. Sehr gut. Schließlich müssen noch ein paar Rechnungen bezahlt werden.

„Liebes, entschuldige uns, wir haben zu tun", flötet Frieda und schon wieder zwinkert sie mir zu. Seltsam. Die beiden verschwinden im Büro der Galerie, und meine Socken rutschen noch ein Stück weiter. Die Ausstellungsbesucher stehen in Gruppen zusammen, unterhalten sich. Mir ist es egal, worüber. Langsam bewege ich mich Richtung Ausgang. Jetzt eine Zigarette. Und dann vielleicht heimlich verdrücken. Soll Frieda doch diese Veranstaltung schmeißen. Ist schließlich ihr Job. Die Künstlerin ist unpässlich. Nur noch ein paar Meter bis zur Tür nach draußen.

„Es ist immer wieder ein Vergnügen, mit Ihnen Geschäfte zu machen, Monsieur Binoche. Beehren Sie uns bald wieder." Was? Alles schon unter Dach und Fach? So schnell? Frieda ist wahrhaftig ein Verkaufsgenie. Da geht er, dieser seltsame Kauz. In seinen viel zu kurzen Hosen, dem Mantel, der glücklicherweise so dunkel ist, dass man die Flecken darauf nur bei näherer Betrachtung erkennen kann, und dem karierten Hut, der mindestens zwei Nummern größer sein dürfte. Allerdings lässt sein federnder Gang vermuten, dass er zufrieden ist. Äußerst zufrieden.

„Na, meine Liebe? Wir können wirklich stolz auf uns sein. Die Bilder hat er gekauft."

„Waren das auch wirklich meine? Schließlich habe ich keine Ahnung, wovon er eigentlich sprach. Dämonen im Nebel …Tsss … Der Typ hat doch einen Sockenschuss."

„Keineswegs, Liebes. Na ja, vielleicht doch. Aber Hermann Dintner, so ist sein richtiger Name, kann sich nur für Kunst erwärmen, wenn er in die Rolle eines anderen schlüpft, seiner Fantasie freien Lauf lässt und Geschichten erfindet. Du musst wissen: Hermann Dintner ist Schriftsteller und mein Nachbar."

„Hermann Dintner? Du meinst doch nicht etwa den Horror-Dintner?"

„Genau der. Deine Bilder, Liebes, dienen der Inspiration für sein nächstes Buch."

„Wow." Zu mehr reicht es in diesem Moment nicht. Horror-Dintner inspiriert von meinen Bildern. Allerdings weiß ich nicht so recht, ob das wirklich ein Kompliment für mich ist, wenn Horror-Dintner Dämonen im Nebel sieht. Der Sockenwulst in meinem rechten Schuh holt mich in die Wirklichkeit zurück. Das ist der reale Horror.

„Und er kann sich wirklich die Bilder leisten?" Ich zweifele immer noch daran, dass jemand mit Horrorgeschichten so viel Geld verdienen kann. Frieda lacht.

„Du glaubst gar nicht, wie viele Fans er hat. Spritzendes Blut und rollende Köpfe scheinen irgendwie – na, sagen wir mal, eine erotisierende Wirkung auf einen bestimmten Leserkreis zu haben. Nun komm. Wir mischen uns wieder unter das Volk." Sie lässt mich stehen. Wie sie es immer tut. Vorsichtig setze ich einen Fuß vor den anderen und mache mich auf den Weg zu den Toiletten. Ich muss unbedingt meine Socken richten.

Auge um Auge, Zahn um Zahn
Anke Breuer

Sprichwörter. Geflügelte Worte. Versteckte Anweisungen. Angstmacher. Mutmacher. Tröster. Aberglaube. Weisheiten. Unfug. Wegweiser. Viel kann man über Sprichwörter sagen. Aber vor allem doch, dass sie Spaß machen. Mir zumindest.

Oh, verzeihen Sie, ich muss kurz einer Katze ausweichen, die meinen Weg kreuzt, bevor ich weiterschreiben kann. So, nun schnell noch um das Gerüst herum, statt durchzugehen. Ich will nichts riskieren.

Unterdessen weiß ich jeder sprichwörtlichen Gefahr aus dem Weg zu gehen. Übung macht den Meister. Ich erzähle Ihnen nun meine Geschichte. Ich weiß, für manche hat diese Geschichte schon einen langen Bart. Nichtsdestotrotz. Viele halten mich für verrückt, wenn ich ihnen bei jeder Gelegenheit mit einem Sprichwort komme. Dabei will ich nur ihr Bestes. Nun gut, Undank ist der Welten Lohn.

Als ich noch jung und unschuldig war, aller Anfang ist nun mal schwer, kam ich oft in unglückliche Situationen. Seitdem ich mich aber intensiv mit Sprichwörtern auseinandergesetzt habe, weiß ich, kommt Zeit, kommt Rat. Ich meide jetzt gefährliche Situationen. Ein gebranntes Kind scheut eben das Feuer. Aber das war nicht immer so. Als ich meinen jetzigen Mann kennenlernte, sagte meine Mutter, neue Besen kehren gut, aber denke immer daran: Verliebe dich oft, verlobe dich selten und heirate nie, denn es ist nicht alles Gold, was glänzt. Aber ich nahm ihre Warnungen nicht ernst. Verliebte mich. Meine Mutter fand sich irgendwann damit ab und meinte nur, lieber einen Spatz in der Hand als eine Taube auf dem Dach. Ich wollte Karriere machen. Arbeitete wie verrückt. Ich sagte mir, wo ein Wille ist, ist auch ein Weg. Es musste funktionieren. Aber dennoch. Ich blieb auf halber Strecke stehen. Mein Chef ließ mich an langem Arm verhungern. Egal. Alle Tage ist nicht Sonntag. Und alle Wege führen nach Rom. Ich würde meine Chance bekommen. Und vielleicht war ja auch der Weg das Ziel? Arbeit ist das halbe Leben. Und ich wollte alles. Denn: Bescheidenheit ist eine Zier, doch weiter kommt man ohne ihr. Das weißt doch jeder. Da beißt die Maus keinen Faden ab! Dem Fleißigen hilft Gott; so machte ich mich an die Arbeit. Arbeitete und arbeitete. Es war die Hölle auf Erden! Und immer wieder erlebte ich, dass die dümmsten Bauern eben doch die dicksten Kartoffeln ernten. Und ich ging leer aus. Also floh ich in die Politik. Dachte hier zunächst, ehrlich währt am längsten. Aber Pustekuchen! Hier zählte nur, eine Krähe hackt der anderen kein Auge aus. Getreu dem Motto: Im Krieg und in der Liebe ist alles erlaubt, merkte ich schnell, dass man mit Speck Mäuse fängt.

Doch das ging auch nicht auf Dauer gut. Ich nahm Urlaub, kam wieder, und mein Kollege hatte meinen Posten. Weggegangen, Platz vergangen, sagte er nur. Und ich dachte, Blödmann, frech kommt wohl weiter. Aber wer A sagt, muss auch B sagen. Ich nahm meinen ganzen Mut zusammen. Und befand, wie du mir, so ich dir und schlief mit unserem Chef. Männer können eben besser gucken als denken. Und dachte mir, wer zuletzt lacht, lacht am besten.

Und von da an war Polen offen! Holland in Not! Meinem Mann erzählte ich nichts davon. Was er nicht weiß, macht ihn nicht heiß. Der Chef fand mich super im Bett. Ich dachte mir, na, endlich, auch ein blindes Huhn findet mal ein Korn. Nun hatte ich meine Bestimmung gefunden. Fortan schlief ich mit jedem, von dem ich etwas wollte. Männlein wie Weiblein. Der Teufel ist ein Eichhörnchen. Und ich sah harmlos aus. Man vermutete die Abgründe in mir nicht. Und nachts sind eh alle Katzen grau. Einmal nur sagte einer zu mir, du bist wohl mit dem Klammersack gepudert, aber er machte die Rechnung ohne den Wirt. Man sieht sich im Leben immer zweimal. Und beim zweiten Mal war ich seine Chefin. Wer zuletzt lacht, lacht am besten! Strafe muss sein, denn wer anderen eine Grube gräbt, fällt selbst hinein.

Er war am Ende, überließ mir das Feld. Ich kam, sah und siegte. Lange Rede, kurzer Sinn: Alles hat ein Ende, nur die Wurst hat zwei. Und ich bekam, was ich wollte. Ende gut, alles gut. Friede, Freude, Eierkuchen. Aus die Maus!

Von Glatzen und Ohren
Iris Boden

Gedankenverloren sitzt sie in der Linie 126. Das leichte Ruckeln, das Vibrieren des sich durch die Schneelandschaft kämpfenden Dieselmotors, macht Susanna bei jeder Busfahrt schläfrig. Jedoch auf eine Art, die sie beruhigt. Mehr als Pralinen aus Brüssel. Immer wieder fallen ihr die Augen zu und sie nimmt nur aus der Ferne wahr, wie der Bus hält, um erneut Passagiere aufzunehmen. Sie fühlt es mehr als dass sie es sieht. Jemand hat sich auf den Platz vor ihr niedergelassen. Doch dann ist sie mit einem Schlag hellwach. Was für ein Bild von einem Kerl. Die Platte hübsch poliert. Dieses herrlich rasierte Haupt, rund wie eine Billardkugel, geschmeidige Rundungen wie ein Mozzarella, nur nicht so weiß. Eher rot wie ein blank polierter Apfel. Schneeflocken beginnen darauf zu schmelzen, verwandeln sich in kleine Wassertropfen, die sich nun langsam über diesen haarlosen Schädel und den kräftigen Hals ihren Weg zu den breiten Schultern suchen, um dort in einem Mantelkragen aus grauem Kaschmir zu versinken. Wie es scheint hingebungsvoll. Ergeben. Susanna kann ihren Blick nicht abwenden, knetet nervös ihre Finger im Schoß. Die Knöchel treten weiß hervor. Sie merkt es nicht. Wie es wohl wäre, mit ihren Lippen sanft über dieses samtene Haupt zu streichen? Vielleicht so, wie die sanfte Berührung eines Pfirsichs in freudiger Erwartung des süßen Saftes dieser Frucht? Pfirsichsorbet. Das wäre wohl das passende Dessert für ein Geburtstagsmahl. Genussvoll betrachtet sie das Bild vor sich. Welcher Maler wäre wohl imstande, diese Ausstrahlung in satten Farben festzuhalten? Ein alter Meister wie Rubens, der es verstand, mit dunklen Farben das Augenmerk auf die Vollkommenheit zu lenken? Oder vielleicht doch ein Künstler einer moderneren Epoche? Susannas Blick klammert sich an die kapitalen Ohren ihres Vordermanns. Sie mag große Männerohren. Je größer sie sind, desto stolzer stehen sie an der Glatze. Gerade so wie der erste Spargel, der sich durch den sandigen Boden stößt. Ob sie wohl im Januar frischen Spargel bekäme? Susanna seufzte. Ihren Geburtstag würde sie alleine verbringen. Heulend auf dem Sofa, vor dem Fernseher. Herzlichen Glückwunsch. Auf die nächsten einsamen Jahre. Wieso also diese mühsamen Gedanken um ein Festmahl? Sie betrachtet die fleischliche Kugel mit den großen, etwas abstehenden Ohren vor sich. Ob sie es wagen sollte? Ganz sanft,

wie zufällig? Einmal nur berühren. Schmecken wäre besser. An den Ohr-
läppchen zutzeln, wie man die bayerische Weißwurst zutzelt. Weißwurst,
süßer Senf, Laugenbrezel und eine Maß … Nicht unbedingt ein passen-
des Menue. Keine Frage. Und doch erregt sie der Gedanke, denkt an die
weiche Haut der Wurst. Ein metallischer Geschmack weckt sie aus ihren
Gedanken. Mit dem Handrücken fährt sie sich über die Lippen. Ein ro-
ter Streifen warmer Flüssigkeit wird darauf sichtbar. Dann erst spürt sie
den stechenden Schmerz auf der linken Seite ihrer Unterlippe. Ein Biss,
der die Realität wieder gerade rückt. Eine unbewusste Reaktion ihres
wieder einsetzenden Menschenverstandes? An der nächsten Haltestelle
steigt sie aus und macht sich auf den Nachhauseweg. Die einsetzende
Dunkelheit und der immer dichtere Schneefall lassen sie schneller gehen
als es für ihre glatten Sohlen auf dem vereisten Asphalt ratsam wäre. So
hält sie ihren Kopf gesenkt, den Blick aufmerksam auf den vor ihr lie-
genden Weg gerichtet. Und doch gerät sie nur ein paar Meter weiter ins
Rutschen und kann sich gerade noch fangen. Als sie ihren Blick hebt,
steht sie vor einer Metzgerei. Sie lächelt und betritt den Laden. Eine
Glocke erklingt und ein Prachtexemplar einer Glatze erscheint hinter
dem Tresen. Ein halbes Dutzend Schweineöhrchen, bitte, sagt sie und
lächelt beseelt. Ihr Geburtstag wird vielleicht doch noch ganz passabel
…

(aus: Das Leben ist ein Regenbogen)

Eis am Stiel
Anke Breuer

Ich sitze am Strand in Südfrankreich und komme mir völlig deplatziert vor. Für den Hausgebrauch sicher ordentlich ausschauend, fühle ich mich hier wie ein altes Weißmehlbrötchen - Entenfutter allenfalls. Zudem noch übersät von ausgesprochen großflächigen und hartnäckigen Mückenstichen plus einer Höckernase, die ich mir gestern zuzog, als ich die Menschheit vor einem umkippenden Restaurantsonnenschirm retten wollte. Hässlich wie die Nacht. Also ich.

Und das am helllichten Tage. Bei strahlendem Sonnenschein. Am blütenweißen Strand. Gut. Letzteres ist übertrieben. Es ist der Stadtstrand in Cannes; die Franzosen, die Italiener, die Engländer und die Deutschen haben Ferien. Und was das heißt, weiß jeder. Man kämpft um jeden Quadratmeter.

Dieses Mal habe ich einen Quadratmeter unter den einzigen beiden Quoten-Strandpalmen am dünnen Strandabschnitt ergattert. Zunächst glücklich lasse ich mich dort nieder und schmiere meine weiß-rot gepunkteten Beine ein. Ketchup und Mayo. Ich habe, sehr erotisch, mein T-Shirt angelassen, denn sonst verbringe ich den Rest des Tages wegen Verbrennungen ersten Grades in der Ambulanz. Meinen Hut aufgesetzt - schöner und vor allem voluminöser als der der Queen zur Hochzeit von Kate und William. Dann passiert es.

Vor mir, hinter mir, links und rechts von mir. Französinnen. Italienerinnen. Engländerinnen und Deutsche. Die zuletzt genannten können getrost in einem Satz verwurstet werden, denn sie machen mir keine Angst. Aber diese Südländerinnen.

Meine freiwillig psychologisch sehr engagierte Freundin fragt immer, weshalb ich mich vergleichen müsse. Sie glaubt trotz meiner vehementen Verneinungen, ich vergleiche mich mit Zwanzigjährigen, was in die Hose ginge. Nein. Ich vergleiche nicht. Ich stelle fest. Genauso, wie ich keine Pessimistin bin, sondern eine Realistin (nur für die Akten!). Stelle fest, dass ich mich nach diesem Urlaub einer Bio-Detox-Kur unterziehen werde. Was das ist, weiß ich noch nicht. Ich las es gerade. Schön sicher nicht. Hauptsache, es macht schön.

Stelle außerdem fest, dass 40-jährige Französinnen mit drei Kindern schlank, braun, vollbusig, ich rücke flugs mein Dekolleté zurecht, wie aus dem Ei gepellt hier ankommen und nach Stunden exakt so wieder ihren Quadratmeter verlassen. Ihre Handtücher ohne Sand. Ihre Shirts ohne Flecken. Ihr Haar sitzt. Selbstredend alle perfekt enthaart.

Während hingegen meine Tochter neulich im Kindergarten stolz verkündete: „Meine Mama hat auch einen Bart. Unter den Armen!", bin ich heute froh, wenigstens diesen vor einigen Stunden auch entfernt zu haben, habe ich doch die Behaarung einer griechischen Göttin, nur leider sonst nichts der selbigen.

Ich verstecke mich demütig hinter einer der zwei Palmen, die allerdings so dünn ist, dass sie mich nicht ganz verdeckt. Mindestens meine Mückenstiche und meine Nase gucken hervor. Möchte die angebetete Damenwelt beobachten, da meldet sich meine Freundin. Die Blase. Keine der Damen habe ich in den paar Stunden am Strand zur Toilette hasten sehen. Und sie können auch nicht alle zur selben Zeit gegangen sein. Es gibt nämlich nur eine.

Ich laufe gebückt wie der Glöckner von Notre Dame zur Toilette. Ein hübscher Kerl steht Spalier am Eingang. Er sieht aus wie der Junge in der Hauptrolle aus „Eis am Stiel" damals. Nur in die Jahre gekommen. Er schaut mich an. Lächelt. Ich richte mich auf. Schultern zurück. Strahle ihn an.

Und er meint: „Bonjour, vous êtes anglaise? Pipi room? Hi hi, don't worry. Left, right and voilà!" Erotik geht anders. Und wie eine Engländerin sehe ich nun auch nicht aus. Die sind durchgehend rot. Ich bin nur rot gepunktet. Man unterscheidet schließlich auch zwischen Kamelen und Dromedaren.

Ich besuche den Pipi Room und gehe noch gebückter als der Glöckner wieder an dem Eis-am-Stiel-Franzosen vorbei, der mir fröhlich hinterher ruft: „Bye, bye, see you next time!" Ja, vermutlich, mein Lieber, und das schon in höchstens einer Stunde, denn ich kenne meine Freundin.

Ich bahne mir den Weg durch die einzelnen Quadratmeter. Vorbei an den schönen Menschen ohne Sand auf den Handtüchern und ohne Flecken auf ihren Shirts. Lasse mich fallen auf mein total verdrecktes Handtuch und sehe schon nach zehn Sekunden aus wie ein paniertes, gepunktetes Schnitzel mit übergroßem Hut.

Der echte Eismann kommt vorbei. Gott sei Dank. Gerade möchte ich meinen kühlen Wunsch in Worte fassen, da halte ich bereits ein riesiges Eis am Stiel in der Hand.

Doch was geht mit dem Eismann vor sich? Er zuckt mit seinem Kopf so seltsam immer wieder in eine Richtung. Ich folge dem Zucken, das offensichtlich wegweisend zu deuten ist, und sehe den Pipiroom-Menschen. Er zwinkert mir zu und hebt seine Hand zu einem angedeuteten Winken! Lächelnd!

Ich rücke abermals mein Dekolleté zurecht, atme tief durch, pfeife auf die perfekte Schönheit und gebe mich gestärkt ganz der Erotik einer 1a-Schokoglasur hin.

Geht doch! Vive la France!

Edgars zweite große Liebe

Iris Boden

Damals wäre sie ihm nie aufgefallen. Damals hatte er nur Augen für Marianne. Sie hatte ihr Leben lang von einem Häuschen im Grünen geträumt. So war es für ihn selbstverständlich gewesen, ihr diesen Wunsch zu erfüllen. Für sie hatte er gerne die endlos dauernden täglichen Fahrten zwischen Mariannes Traum und seiner Arbeitsstätte in Kauf genommen. Auch wenn es bedeutete, dass nicht mehr viel von den gemeinsamen Abenden übrig blieb. Umso schöner waren dann die Wochenenden gewesen. Die Wochenenden, an denen sich Marianne für sehr lange Zeit ziemlich gut verstellen konnte, damit er nichts bemerkte. Doch eines Sonntags schaffte sie es nicht mehr, vor ihm aufzustehen, um sich die Spuren ihrer Krankheit mit ausreichend Make-up zu überschminken. An diesem Sonntag stürzte der Himmel über ihm zusammen.

Als Marianne starb, hielt ihn nichts mehr in dem Haus. Er zog wieder in die Stadt. Die kurzen Wege zwischen Arbeitsstätte und Wohnung wären früher ein Segen gewesen. Doch heute bedeuteten ihm die freien Abende nichts mehr. So begann er durch die Stadt zu laufen und merkte bald, dass diese Spaziergänge ein wenig den Druck der Einsamkeit nahmen.

Dann – eines Tages – sah er sie. Wie elektrisiert blieb er stehen, schaute sie unverwandt an. Ein leichtes Beben durchströmte seinen Körper. Diese Faszination hatte er schon lange nicht mehr gespürt. Er dachte nicht mehr an das, was gestern war oder an das, was kommen könnte. Es gab nur noch das Hier und Jetzt. Ein Rauschen in seinen Ohren schwoll an, ließ die Geräusche um ihn herum wie durch Watte zu ihm durchdringen. Sein Blick verschleierte sich und er wollte nur noch sie. Sie, die ihn unverwandt anschaute, mit ihren blauen, etwas zu kalten Augen. Es fiel ihm schwer, seinen Blick von ihr zu lösen, doch irgendwie schaffte er es. Als er sich auf den Heimweg machte, war sein Gang leicht und federnd wie an dem Tag, als er Marianne das erste Mal gesehen hatte.

An den folgenden Tagen hatten seine Spaziergänge immer dasselbe Ziel. Hatte er es erreicht, genoss er das faszinierende Beben, das seinen ganzen Körper ergriff. Mit der Zeit wurde er mutiger, war weniger verwirrt über seine Gefühle und dieses peinliche Erröten nahm ab.

Eines Tages hielt Edgar es nicht mehr aus. Er musste etwas unternehmen, wusste aber nicht so recht was. So betrat er das Kaufhaus, schlenderte ruhelos umher, ohne konkretes Ziel, ohne anfänglich zu wissen, wie es weiter gehen sollte.

Eine Durchsage verkündete den nahenden Geschäftsschluss und eine freundliche Stimme forderte die letzten Kunden dazu auf, sich zum Ausgang zu begeben. Edgar stand wie versteinert in der Möbelabteilung neben einem Schrank. Ein Ausstellungsstück. Eiche massiv. Nein! Er konnte jetzt nicht gehen. Denn sie war hier. Sie würde dieses Kaufhaus nicht verlassen. Dessen war er sich sicher. Sein Entschluss stand fest.

Geraume Zeit später, als er sicher sein konnte, dass der Wachmann seine letzte Runde gedreht hatte, wagte er sich aus dem Schrank. Das Blut pulsierte in seinen Adern. Sein Puls glich schnellen rhythmischen Trommelschlägen. Gleich würde er sie in die Arme schließen können. Er konnte spüren, wie sie auf ihn wartete.

Es dauerte ein wenig, bis er sich orientiert hatte. Doch schon kurze Zeit später stand er vor ihr. Sie schaute ihm direkt in die Augen. Ihm kam es vor, als zwinkerte sie ihm zu. Ihr Blick sagte alles, was er hören wollte. Sanft hob er sie in seine Arme und trug sie zurück in die Möbelabteilung. Dort, in einem der Betten, würde er die Nacht mit ihr verbringen. Ihre erste gemeinsame Nacht. Ihre Hände auf seinen Schultern, die leichten Berührungen, die so viel Zärtlichkeit ausdrückten. Wie sehr hatte er genau das vermisst. Diese Sanftheit, diese Erfüllung. Er vergaß den Ort, die Umgebung. Er wollte nur noch eins sein mit diesem Wesen, das ihn so sehr verzauberte.

Ein Murmeln und Kichern riss ihn aus dem Schlaf. Langsam öffnete er die Augen. Es dauerte einen Augenblick bis er verstand, was geschehen war. Unwillkürlich tastete er nach seiner Kleidung, fand sie aber nicht. Warum nur war er eingeschlafen? Wieder einmal war es ihm nicht gelungen, die Frau, die er liebte, zu beschützen. Er zog die Decke ein Stück höher, damit die Umstehenden ihrer beider Nacktheit verborgen blieb. Doch es war zu spät. Mindestens zwei Dutzend Augenpaare fixierten ihn, Köpfe wurden geschüttelt, es wurde gelacht. Das Wachpersonal des Kaufhauses teilte die Menschengruppe um ihn herum. Mit drohenden Gesten und finsteren Blicken kamen sie auf ihn zu, bildeten eine Formation, Zugvögeln auf dem Weg in den Süden ähnelnd. Ein stämmiger Buckliger mit zornig funkelnden Augen schaute angewidert auf Edgar hinunter, der sich krampfhaft an der Decke festklammerte. Und dann – damit es auch jeder hören konnte – gab der Bucklige seinen Befehl:

„Nehmt ihm doch endlich die verdammte Puppe weg. Die Polizei ist bereits alarmiert."

(aus: Das Leben ist ein Regenbogen)

Zersplitterte Mandeln
Anke Breuer

Dunkle Gassen. Gelbe Häuser. Wildes Unkraut. Feine Geranien. Tarte au Pommes. Baklava. Salon de Thé. Mokkastübchen. Franzosen. Araber. Touristen. Parfümierte Luft. Grasse.

Heute riecht die Luft in Grasse nach den neuesten, schweren Düften. Weil vor einiger Zeit Leitungen von Haus zu Haus verlegt worden sind, die in Sekundenabständen Sprühstöße der neuesten Parfüms verteilen. Zuvor duftete die Stadt nach modriger Erde, nach Kopfschmerzen verursachenden Blumen, nach schwerem Tabak. Nach Grasse. Klassisch nach Grasse. Ich vermisse diese Atmosphäre. Die Stadt verändert sich nicht. Aber ihr Duft wird verändert. Passt nicht.

Ich kaufe mir in meinem Lieblingsmokkastübchen einen süßen Schwarztee. Und fünf verschiedene Baklava. Auch wenn ich weiß, dass ich nach dem zweiten honiggetränkten Küchlein die restlichen drei keinesfalls mehr werde essen können. Sei's drum. Ich setze mich in einen Hauseingang. Auf die Eingangstreppe. Mitten im arabischen Teil. Kein Tourist verirrt sich hierhin. Es wird ihnen ausgeredet. „Zu gefährlich", heißt es. „Warum?", frage ich immer wieder. In der Hoffnung, die Antwort könnte sich eines Tages ändern. Die Antwort lautet dennoch stets gleich: „Zu viele Araber." Als sei das eine ausreichende und vor allem qualifizierte Aussage.

Ich öffne mein Papiertütchen. Fünf Goldstücke. Ein kleines Paradies. Etwas Honig tropft mir auf die Jeans. Das muss so sein. Grüne Pistazien verteilen sich auf dem weißen Pappboden. Zersplitterte Mandeln mischen sich darunter. Eine Rosine will entwischen, aber ich erwische sie. Mein Tee ist etwas abgekühlt. So heiß wie „die Araber" kann ich ihn nicht trinken. Ihre Zungen müssten alle längst verbrannt sein. Dabei sollten die Zungen derer brennen, die Böses reden. Ich befürchte aber, ich werde die Einzige sein, die sich noch verbrennt. An meinem Gerechtigkeitssinn. An meiner großen Klappe. Apropos. Verbrannte Erde. Kurz rieche ich sie wieder. Der noch immer heiße Tee läuft meine Speiseröhre hinab. Nimmt die Rosine mit. Ich beiße in meine Mandelbaklava. Seit Jahren bin ich mehrere Male im Jahr in Südfrankreich. Hier ist alles scheinbar so makellos, dass es fast langweilig ist. Zu Hause höre ich immer: „Südfrankreich! Du Glückliche! Cannes! Nizza! Champagner!" Ich bin gerne hier. In Südfrankreich. In der Provence. Sie ist ein Teil meiner Familie. Denn mein Mann ist zum Teil Franzose. Ich fühle mich wohl hier. Sie ist ein Fleck Erde, bei dem, wie meine gläubige Tante sagt, „der liebe Gott noch einmal eine Schippe draufgelegt hat." Und ich bin noch immer nicht zu Hause hier. Denn es ist zu perfekt, als dass ich dem Fleck richtig Glauben schenken kann. In Grasse aber, in Grasse ist es anders. In Grasse staubt es in den Gassen, und doch fegen die Menschen unaufhörlich dagegen an. In Grasse ist es heiß, und doch finden die Menschen in den dunklen Gassen Schatten. Grasse ist die Stadt des Parfüms, und doch riecht es nach modriger Erde, Kopfschmerz verursachenden Blumen und zu schwerem Tabak. Roch. Nun hat mir die Stadt mit ihren Parfümleitungen ein Stück meiner nicht perfekten Welt genommen.

Wie erwartet rühre ich nach dem zweiten Baklava das dritte nicht an. Auch nicht das vierte. Schon gar nicht das fünfte. Lehne mich zurück. An die fremde, kühle Haustüre. Es sind 30 Grad und mir ist fast kalt hier in der Gasse. Eine blonde Frau läuft an mir vorbei. Mit teurer Handtasche. Ich kenne mich aus mit teuren Handtaschen. Es gab eine Zeit, in der mir das scheinbar Perfekte auch behagte. Die junge Frau läuft auf einen Mann zu. Sie küssen sich. Leidenschaftlich. Kurz erscheint es mir, als sei das Perfekte - in dem Falle dann doch auch völlig nach meinem Geschmack - in Grasse eingezogen. Eine blonde Frau aus offensichtlich anderen Kreisen liebt einen arabischen jungen Mann aus dem verkannten Grasse. Fast kitschig. Wenn ich das nächste Mal auf die Aussage „Haltet euch niemals im arabischen Viertel auf" frage „Warum?", wird mein Gegenüber vielleicht ins Schleudern geraten und dieses Mal fragen: „Ja, warum eigentlich? Habt ihr von der Liebeshochzeit gehört? Zwischen dem Mädchen aus gutem Hause in Cannes und dem arabischen Jungen aus den dunklen Gassen in Grasse?" Ich höre nicht alles, was die beiden sagen. Plötzlich stößt der Mann die Frau leicht von sich. Aufgebracht und deutlich lauter sagt er: „Wie soll das gehen? Willst du deinen Eltern sagen, du bekommst ein Kind von mir? Keiner wird es, wird uns akzeptieren! Nicht deine Eltern! Nicht meine!" Sie weint. Er zieht sie wieder an sich. Die Sonne steht jetzt so, dass sie für kurze Zeit in die Gasse fällt. In seinen Augenwinkeln erkenne ich Tränen.

Ich schmeiße meine verbliebenen Baklava in den Müll. Der Tee ist kalt. Das Mokkabüdchen macht Pause. Die Sonne ist längst weitergezogen. Der Honig auf meiner Jeans klebt jetzt doch. Als ich zur Haltestelle gehe, erwischt mich ein voller Sprühstoß Parfüm. Die Parfüm-Leuchtreklame schreit in grellen Buchstaben: „Nouveau: Espoir!" Hoffnung.

Zu spät, denke ich. Und steige in den Bus.

Liebe geht durch den Magen
Iris Boden

Liebe geht durch den Magen. Sagt man. Also ist es nur selbstverständlich, dass ich heute mein Bestes gebe. Nachdem wir uns ein paar Mal in Restaurants oder Bars getroffen haben, will er mich heute Abend zu Hause besuchen. Dieser wunderbare, feinfühlige, höfliche, charmante, witzige, gutaussehende, intelligente Mann mit dem wohlklingenden Namen. Adrian. Leichtsinnigerweise habe ich ihn zum Essen eingeladen. Es ist noch früh. Eigentlich. Wenn ich nur wüsste, was ich kochen soll. Kochen. Ein Wort, das in meinem Sprachgebrauch äußerst selten vorkommt. Und noch seltener die Tätigkeit als solches. Kochen. Allein dieses Wort bereitet mir Unbehagen. Ich kann gar nicht kochen. Ich will es auch gar nicht. Dennoch könnte ich mit den Zutaten, die ich nach dem Einkauf auf der Arbeitsplatte in der Küche ausbreite, die Belegschaft eines mittelständischen Unternehmens verköstigen. Könnte ich. Wenn es gelänge. Lammkoteletts, Lachfilet, Entrecôte, Spargel, Brokkoli, Kartoffeln, Reis und Rotwein. Viel Rotwein. Denn den kann ich servieren. Ohne Mühe. Ich fühle mich überfordert, fange an zu schwitzen. Dabei habe ich noch nicht einmal angefangen. Was habe ich mir nur dabei gedacht? Vielleicht sollte ich mich einfach in Schale werfen und auf ihn warten. Ihm den Vorschlag machen, naja, vor die vollendete Tatsache stellen, mit ihm gemeinsam kochen zu wollen und ihn dann machen lassen. Beim letzten Rendezvous hat er mir schließlich erzählt, dass er in seiner letzten Beziehung das Kochen übernommen hat. Wunderbar. So stelle ich mir das vor. Aber von einer Beziehung kann man bei uns nicht sprechen. Noch nicht. Was nicht ist, kann ja noch werden. Dazu muss ich diese verdammten Zutaten irgendwie essbar zubereiten. Denn: Liebe geht durch den Magen. Aber wie fange ich bloß an? Ich habe keine Ahnung. Erst einmal Kartoffeln schälen. Das kann ich. Zumindest in der Theorie. Nach der ersten Kartoffel weiß ich jedoch, dass ich sehr, also wirklich sehr ungeschickt bin. Die Knolle hat sich von handtellergroß in murmelklein verwandelt. Und das in exakt neun Minuten. Von der Schnittverletzung an meinem rechten Zeigefinger ganz zu schweigen. Das geht gar nicht. Kartoffeln schließe ich nun aus. Gut, dass ich auch Reis gekauft habe. Ich lese die Zubereitungsanleitung auf der Packung. Klingt gar nicht so schwierig. Das kriege ich hin. Allerdings kann ich dafür nichts vorbereiten. Umso besser. Ein Arbeitsschritt weniger. Ich entscheide mich für Brokkoli. Dieses grüne Teil werfe ich einfach in einen Topf mit Wasser und lasse es vor sich hin köcheln. Aber wie lange? Unerheblich. Der Reis braucht zwanzig Minuten zum Garen, dann muss diese Zeit auch für das Gemüse reichen. Ist doch gar nicht so schwer. Adrian kommt um sieben. Wenn ich also um zwanzig vor sieben Reis und Gemüse koche, muss das genügen. Um diese Zeit werde ich dann auch – sagen wir einmal – das Lachsfilet in den Ofen schieben. Und fertig ist ein perfektes Abendessen. Zufrieden öffne ich eine Flasche Rotwein. Ein Gläschen für die Köchin kann schließlich niemand verwehren. Denn die Liebe soll schließlich auch durch meinen Magen gehen. Und das funktioniert mit Rotwein nun einmal am besten.

Nach dem dritten Glas Wein fühle ich mich beschwingt und unwiderstehlich. Wenn ich es schon mit der ganzen Welt aufnehmen kann, dann erst recht mit dem Herd. Her mit dem Rotwein. Ich werde kochen. Das kann doch jedes Kind. Also nichts worüber man sich Gedanken machen müsste. Wo ist eigentlich die Betriebsanleitung für den Backofen? Egal. Noch ein Schlückchen Wein und es kocht sich fast von alleine. Also zuerst einmal ins Bad. Aufbrezeln. Seltsam. Mir ist noch nie aufgefallen, dass die Wände im Flur nicht gerade verlaufen. Wo ist der Rotwein? Eine zweite Flasche muss her. Ich kichere. Noch eine Stunde, dann kommt er. Adrian. Ich bin verliebt, habe Schmetterlinge im Bauch. Im Magen. Liebe geht durch den Magen. Und Rotwein. Mehr hat mein Magen heute auch noch nicht bekommen. Trotzdem habe ich keinen Hunger. Warum sollte ich also kochen? Vor dem Spiegel im Flur proste ich mir zu und kann nicht mehr aufhören zu kichern. Die zweite mittlerweile halb geleerte Flasche Wein funktioniere ich kurzerhand zu einem imaginären Mikrofon um und singe. Kann denn Liebe Sünde sein? Ich bin toll. Adrian ist toll. Wenn doch nur der Fußboden nicht so schwanken würde. Ich muss mich ausruhen. Hinsetzen. Ich lehne mich an die Wohnungstür. So kann ich diesen Traum von einem Mann nicht verpassen. Müde bin ich. Nur ein wenig die Augen schließen.

Es klingelt. Es dauert einen Augenblick, bis ich meine Gedanken und dann meine Gliedmaßen sortiert habe. Mir ist schlecht. Alles dreht sich. Mühsam ziehe ich mich am Türrahmen hoch und öffne die Tür. Ich schaue in ein verwundertes Gesicht und entdecke das wohl schönste Fragezeichen, das ich jemals gesehen habe. Adrian. Ich würge. Geistesgegenwärtig hält mir mein Gast eine Geschenktüte entgegen, die sich

nun mit unverdautem Rotwein füllt. Und leider dabei auch meine Lieb-
lingspralinen ertränkt. Ich lalle eine Entschuldigung und lasse mich dann
schwach und willenlos in die Wohnung führen. Liebe geht durch den
Magen. Rotwein auch.

Schillerstraße
Anke Breuer

Ich mag keine Spiele. Aber Gesellschaft. Ich brauche Gesellschaft. Also rede ich, während die anderen spielen. Ich dulde, dass sie spielen. Und sie dulden, dass ich rede. Ich verstehe nichts von virtuellen Häusern. Ich wohne in einer realen und lauten Straße. Ich habe griffiges Geld. Wohne in meinem Haus. Und habe echte Freunde. Die ich bespreche, während sie spielen. Das mag einigen seltsam anmuten, doch es funktioniert. Nur heute nicht. Heute hört mir keiner zu. Ich meine, ich erwarte keine Antworten. Ich rede. Habe Publikum. Die Welt gehört mir. Die Welt hört mir zu. Heute nicht. Ich lausche. Auf der Schillerstraße läuft es nicht rund. Ich werfe ausnahmsweise eine Frage ein: „Schillerstraße? Da wohnt doch Uwe. Was ist da los?" Keine Antwort. Stattdessen vernehme ich den ein oder anderen Fäkalausdruck oder ein gelegentliches Ich-hol-noch-schnell-ein-Bier. Muss eine ernste Angelegenheit sein. Da auf der Schillerstraße. Ich rede weiter, damit meine Freunde nicht irritiert sind. Schwadroniere über den Kausalzusammenhang von Presslufthammern auf der Straße und dem Presslufthammergefühl im Kopf. Bei mir vor dem Haus. Meinem Haus. Gekauft von meinem eigens erarbeiteten Geld. Mit meinem Kopf. Der nun ein Haus hat, aber auch zurzeit diese Presslufthammer in ihm. Also im Kopf. Meine Freunde aber konzentrieren sich nicht auf meinen Kopf. Sondern auf die Schillerstraße. Um ihre Aufmerksamkeit zurückzuerlangen, sage ich: „Ich spiele mit." Was sie zwar irritiert, aber nur kurz ablenkt. Ich würfle. Mein Spieler muss auf ein Feld. „Zurück auf Los". Ich bewege mich nicht, also ihn nicht, sondern sage nur: „Das sehe ich nicht ein." Und bleibe stehen. Kopfschütteln bei den anderen. Dann ignorieren sie mich weiter. Silke mault Hans an, weil er sie rausgeschmissen hat. Ich mische mich ein. Hans war schon immer latent ungerecht. „Hans, wieso tust du so etwas? Sind wir nicht alle Freunde?" Beide irritiert. Wieder. Was mich wiederum irritiert. Unerheblich. Sie werden über ihr Problem nachdenken und es erörtern. Ich bin dran. Würfle. Und lande auf der? Schillerstraße! Soll sie kaufen. Alle stöhnen. Ich will Gesellschaft. Nicht meine Freunde verlieren. Da aber offensichtlich diese Straße allen nur Ärger bereitet, fasse ich mir ein Herz und kaufe sie dennoch. Die Schillerstraße. Mit allen von den anderen bereits gebauten Häusern. Damit der Streit ein Ende hat. Und ich mich weiter mit meinem Schampus in den Sessel setzen und schwadronieren kann. Alles starrt mich an. „Das kannst du nicht tun!" „Wer? Ich? Es ist nur zu eurem Besten", gebe ich zum Besten. Ich darf noch einmal würfeln. Soll wieder auf Los. Keinesfalls. So kommen wir in der freien Wirtschaft nicht weiter, wenn wir alle gemütlich immer wieder auf Kosten der anderen von vorn beginnen. Sage ich. Meine Freunde fassen sich an die Stirn. Sie stöhnen. Meine Versuche, sie wieder einander näherzubringen und ihnen zugleich die Vorzüge der freien Wirtschaft schmackhaft zu machen, fruchten noch nicht. Es braucht wohl länger. Heinz würfelt. Er gewinnt eine Million. Doch statt dieses Geld in Steingold zu verwandeln und sich ein neues Haus zu bauen, kauft er sich ein Casino! Eine Spielhölle! Sodom und Gomorrha! Ich versuche, ihm die Gefahren des Glücksspiels zu schildern. Aber ich stoße auf taube Ohren. Was ist nur mit meinen Freunden los? Sie werden immer fahriger. Ich würfle. Und soll ins Gefängnis. Mit Verlaub! Ich habe mich in meinem Leben mancher Notlüge bedient. Aber dafür ins Gefängnis zu gehen, halte ich wirklich für überzogen! Ich würfle schlicht noch einmal und gewinne auch eine Million! Kaufe eine Bank. Sperre alle Konten meiner Freunde, so dass sie nicht weiter unnötig Geld ausgeben und sich unglücklich machen können. Es geschieht alles nur zur ihrem Besten! Wie gesagt. Ich kaufe noch drei Schulen und schwärme sogleich von meinem Plan, dort das englische Schulsystem einzuführen. Mehr Chancengleichheit für unsere Kinder in Europa! Von Zucht und Ordnung ganz zu schweigen. Ich höre Stimmen aus der Küche. Und spüre, dass ich alleine im Wohnzimmer bin. Meine Freunde sind in der Küche und reden. Wunderbar. Ich gehe freiwillig auf Los. Dann in die Küche. Und frage freudestrahlend nach einem Bier. Genau das richtige Getränk nach so einem guten Ausgang. Sie wenden sich von mir ab. Und Heinz sagt: „Du hast all unser Geld. Unsere Häuser. Unsere Autos. Du bist der Herrscher über alle Straßen und Schulen. Du bestimmst über unsere Kinder, unsere Freiheit und zu guter Letzt sicher auch über unser Bier!" Heinz macht eine Pause und führt fort: „Deswegen finde ich, du solltest einen neuen Kasten an der Tanke organisieren, denn wir sind alle pleite oder im Knast!". Ich sehe den Punkt. Setze mein Schampusglas ab. Hole meine Jaguar-Schlüssel. Und fahre zur Tankstelle. Sie erörtern in der Zwischenzeit sicherlich ihre Probleme. Mission erfüllt. Für gute Freunde tut man alles.

Freundschaft
Iris Boden

Da sitzt er und jammert. Über Sinn und Unsinn seiner Arbeit. Ihm zu-
zuhören bereitet mir Kopfschmerzen. Lieber aus dem Fenster schauen.
Wie kahl die Bäume mittlerweile sind. Es geht ihm wirklich schlecht. Ich
muss mich konzentrieren. Das bin ich ihm schuldig. Er ist schließlich
mein bester Freund. Schon deshalb hat er Recht. So ist das nun mal.
Obwohl – er könnte sich schon ein wenig zusammenreißen. Finde ich.
Andere wahrscheinlich auch. Aber andere sind nicht ich. Es ist alles so
sinnlos, höre ich ihn sagen. Er stellt sich aber auch an. Mann, ich könnte
dich jetzt aber wirklich mal schütteln. Hoffentlich finden wir bald eine
Lösung. Schließlich muss ich noch einkaufen. Früh nach Hause wollte
ich. Den Abend gemütlich vor der Glotze verbringen. Himmelherrgott-
nochmal, eine Lösung muss her. Aber schnell. Heult er jetzt? Auch das
noch. Mit heulenden Kerlen kann ich so gar nicht umgehen. Wie viel
Uhr ist es eigentlich? Ob Franka schon zu Hause ist? Verdammt, ich
muss einkaufen. Sonst hängt der Haussegen schief. Kündigung? Was hat
er jetzt gesagt? Man hat ihm gekündigt? Wenn er doch mal mit der Heu-
lerei aufhören würde. Ich versteh' kein Wort. Außerdem, so tragisch ist
das jetzt auch nicht. Er ist gut in seinem Job. Er wird schnell etwas ande-
res finden. Ich habe gekündigt, schnauzt er mich an. Verrückt. Langsam
komme ich da nicht mehr mit. Warum heult er dann? Scheiß Firma,
scheiß Job. Hat er immer schon gesagt. Und jetzt? Alles sei so sinnlos.
Sein Job, sein ganzes Leben. Alles mache keinen Sinn. Das wird mir jetzt
zu viel. Wenn ich nur wüsste, was ich sagen soll. Seelentrost war noch
nie mein Ding. Wird es auch nie sein. Weiberkram. Herrje, das ist schon
ganz schön spät. Wenn er sich nicht bald beruhigt, habe ich ein Problem.
Ein wirklich ernsthaftes. Franka ist in der letzten Zeit sehr ungeduldig
mit mir. Dieser Frauenkram von wegen Selbstfindung. Mann, Kumpel,
auch ich habe Probleme. Aber, heul' ich rum? Was sollte ich nochmal
einkaufen? Tomaten, Mozzarella und was noch? Mist. Ich hätte es doch
besser aufgeschrieben. Franka hat's ja gleich gesagt. Widerlich, wie er
sich den Rotz mit dem Ärmel abwischt. Aber er scheint sich zu beruhi-
gen. Dann kann ich ja bald gehen. Kumpel, das wird schon. Du schaffst
das. Schlaf 'ne Nacht drüber und alles wird gut. Wir reden morgen, ja?
Schnell weg hier. Ich muss unbedingt vor Franka zu Hause sein.